PHIDIAS

PAR

ANTOINE ETEX

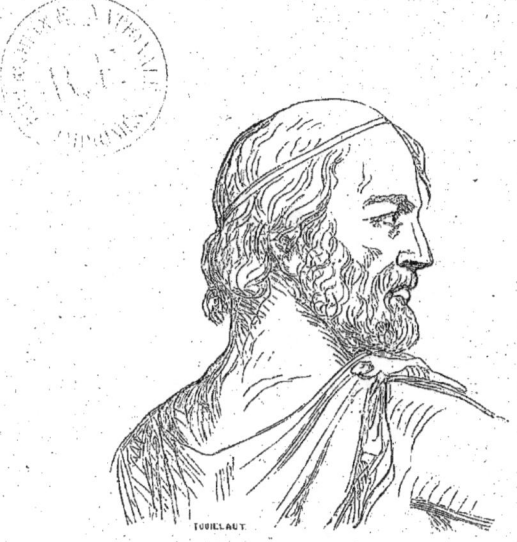

MUSÉE BIOGRAPHIQUE
ÉDITEUR-ADMINISTRATEUR : AUGUSTE DESCHAMPS
Paris, 23, rue Jacob
1875
DROITS DE REPRODUCTION ET DE TRADUCTION RÉSERVÉS

PHIDIAS

PHIDIAS

PAR

ANTOINE ETEX

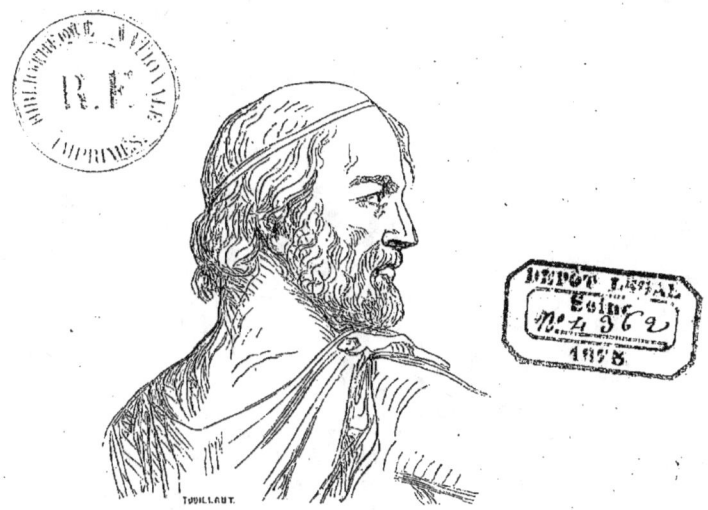

MUSÉE BIOGRAPHIQUE
ÉDITEUR-ADMINISTRATEUR : AUGUSTE DESCHAMPS
Paris, 23, rue Jacob
1875
DROITS DE REPRODUCTION ET DE TRADUCTION RÉSERVÉS

PHIDIAS

PAR

ANTOINE ETEX

—

ENVIRON 488 A 421 AVANT NOTRE ÈRE

C'est dans l'art surtout que le passé sert au présent en éclairant l'avenir.

Le peuple grec était un peuple éminemment religieux. Sa vénération envers ses dieux et ses héros devait en faire le peuple artiste par excellence. Il semble que l'amour du beau ait été inné chez lui. Il suffit pour sa gloire de citer deux noms, Homère et Phidias. Avec ces deux seuls noms, qui affirment aux yeux de la postérité la poésie et l'art, la Grèce rayonne sur le monde civilisé depuis bientôt deux mille cinq cents ans.

Nous n'examinerons pas ici la question de savoir si la sculpture est née sur le sol de la Grèce ou si elle y a été importée. Les Grecs, primitivement, ont adoré leurs dieux sous les formes les plus grossières et les plus rustiques. Vénus elle-même fût représentée par une pierre brute qui lui fut consacrée. Mais dès le sixième siècle avant notre ère l'on voit des écoles de sculpture se former à Linde, à Sicyone, à Cnosse, à Samos, à Argos, à Egine, à Athènes. L'Attique et la Crète se disputent Dédale que l'on retrouve en Sicile et en Italie; aujourd'hui, du reste, il est reconnu que Dédale n'est pas un nom d'homme, mais l'appellation générique d'une École primitive.

Le *smily* (ciseau) caractérise la célèbre école d'Egine qui, selon nous, a fait de larges emprunts à l'art égyptien et de laquelle est sortie la sublimité de l'art athénien dont l'œuvre de Phidias reste la plus haute expression, le modèle le plus parfait. L'école d'Égine fut à Phidias ce que fut à Raphaël, en Italie, l'école de l'Ombrie.

Les plus anciennes statues ont été sculptées en bois. L'argile fut employée aussi et servit à former les figures destinées au culte domestique et aux tombeaux. On fit encore, à la même époque, des bas-reliefs en terre. Quant aux statues de métal, elles furent d'abord formées de pièces travaillées au marteau et réunies avec des clous. Puis la fonte en forme fut inventée. De Samos, l'art de fondre l'airain passa à Égine. La sculpture s'attaqua enfin au marbre, mais le bronze resta longtemps encore la matière le plus ordinairement employée pour la statuaire. Polyclète, le rival de Phidias, préférait le bronze au marbre. Phidias employa aussi l'ivoire et l'or, à l'exemple de quelques-uns de ses prédécesseurs, et avec succès.

La date de la naissance de Phidias est incertaine; on peut, croyons-nous, la fixer à la 73e olympiade, 488 à 484 avant Jésus-Christ. En lui se caractérise tout entier l'art des Grecs. Il est plus qu'une école, il est tout l'art athénien. Athènes, cette Grèce de la Grèce, devait naturellement être son berceau. Ce fut là qu'il naquit. On suppose que son père, qui était citoyen de la République et se nommait Charmide, exerçait l'art du sculpteur. Nous ne serions pas éloigné de le croire, notre propre expérience nous ayant montré quelle influence exerce sur le talent le maniement de l'outil de sculpteur dès les premières années de l'enfance.

A Athènes, dès l'origine, c'était un honneur, à cause sans doute de l'esprit religieux des Grecs, d'avoir des ascendants et des descendants sculpteurs. Socrate qui, quelques olympiades après Phidias, abandonna la sculpture pour se livrer tout entier à la philosophie, était issu de la famille des Dédalides.

On s'accorde à donner à Phidias un frère nommé Panœnus qui se distingua comme peintre. Phidias lui aussi était peintre. Otfried Müller croit que Phidias avait vingt-trois ans lorsque le célèbre peintre Polignote, le premier qui ait représenté des personnages la bouche ouverte, vint à Athènes. Phidias, timide et modeste, comme le sont tous les hommes supérieurs, craignit de ne pouvoir égaler dans la peinture un tel maître et se réfugia dans la sculpture où l'entraînait son génie particulier, mais en y apportant ses qualités acquises de peintre coloriste, ce qui lui permit de donner à sa sculpture la souplesse, le mouvement et la vie. Il embrassa tout à la fois l'architecture, la statuaire proprement dite, la sculpture ornementale et la toreutique, toutes branches de l'art qui exigeaient l'expérience du praticien consommé. Pour connaître à fond ses ressources, il faut joindre encore à ses talents divers de sculpteur et de peintre, ceux du graveur sur métal, du fondeur, de l'orfèvre, du joaillier et une foule d'autres tombés aujourd'hui dans le domaine de ce qu'on appelle improprement l'art industriel.

L'industrie commerciale, oui; l'art industriel, non pas. Car du moment qu'une œuvre d'art descend à se faire œuvre d'industrie, elle perd immédiatement sa qualité d'œuvre d'art. Le sujet n'est, en effet, presque rien; c'est le talent dépensé dans l'œuvre qui est tout. Tel petit miroir, telles porcelaines de Sèvres, tels meubles sont des œuvres d'art, tandis que des statues colossales que nous pourrions citer, des groupes considérables, ne sont que de mauvaises *pendules* dignes tout au plus de figurer dans le commerce industriel.

Martial parle quelque part de l'habileté de Phidias comme graveur. Il est aisé, du reste, de s'imaginer combien de choses dut apprendre le grand artiste pour posséder toutes les ressources nécessaires à l'architecture, à la statuaire et à la toreutique et amener ces arts au point où il les a laissés. Comme Polyclète, Scopas et tous les autres grands sculpteurs grecs, Phidias était à la fois architecte et sculpteur; et nous le verrons plus loin exercer la direction des merveilleux travaux ordonnés par Périclès. Il était musicien aussi, puisqu'il sut suivre dans la pratique de son art les lois de l'ordre, de la mesure et de l'harmonie; enfin il était poète, car sont poètes tous les penseurs.

Dans le moindre des morceaux de Phidias, comme dans l'ensemble de son œuvre immortelle, brillent d'un éclat inconnu jusqu'à lui ce que l'on peut appeler les cinq sens intellectuels de l'art : l'architecture, la sculpture, la peinture, la musique, la poésie. Ces cinq sens font le grand artiste; c'est par eux que se reflète son âme. Hors de cette synthèse, nulle vie supérieure dans les œuvres d'art, mais la médiocrité ou la nullité.

Les anciens ignoraient le système moderne de la spécialité dans l'art, et c'est pourquoi ils ont été presque tous des artistes exquis. Léonard de Vinci, Michel-Ange, Raphaël ont suivi l'exemple de Phidias; aussi se sont-ils élevés dans leurs œuvres à une grande hauteur; tout artiste qui veut remplir dignement sa mission sacerdotale doit suivre également cet exemple et s'appliquer à être en même temps architecte, sculpteur, peintre, musicien et poëte; sinon, il ne sera qu'un spécialiste plus ou moins bon, un ouvrier plus ou moins habile, un virtuose du *Morceau*. Dès que l'on se confine dans une branche particulière de l'art, impossible de devenir un grand artiste, le créateur d'une belle œuvre; tout ce que l'on produit peut être bien fait, mais reste dépourvu de génie.

« Les spécialités, dit M. de Ronchaud dans son beau livre sur Phidias, sa vie et ses ouvrages, les spécialités sont les cloîtres de l'esprit, elles élèvent des barrières entre nos facultés et tendent à créer, au lieu d'hommes, des machines humaines. Objets d'admiration pour le vulgaire, leur adoption systématique restreint autant l'intelligence que le système contraire lui a parfois donné d'étendue. Pour rentrer ici dans la question d'art, je ne doute pas que l'harmonie et la plénitude qui frappent à la première vue dans les ouvrages des artistes anciens ne doivent être regardées comme un résultat de l'éducation qui ne laissait dans l'organisation humaine aucune faculté stérile, aucun organe inactif et sans développement. *Tout grand talent*, a dit Gœthe, *est encyclopédique*. Pour le véritable artiste, la réunion d'un plus grand nombre de connaissances et de talents divers, loin d'être une cause de dispersion de forces, devient au contraire un moyen de puissance en lui permettant de donner à chaque œuvre en particulier, grâce à une concentration énergique, l'empreinte d'une nature plus riche, plus élevée et plus féconde, et de réunir, pour ainsi dire, autour de cette œuvre au berceau, le conseil entier des Muses. »

Il y a dans ces quelques lignes tout un programme, rédigé par un homme de savoir, par un critique d'un grand goût, qui a fait une étude approfondie de l'antiquité. Simple praticien de l'art, nous sommes heureux de nous rencontrer ici avec M. de Ronchaud et nous renvoyons à son excellent livre ceux de nos lecteurs qui voudront faire plus ample connaissance avec Phidias.

Là est, nous semble-t-il, l'explication de la haute supériorité de Phidias. Comparez son œuvre avec celle de l'École d'Égine et vous verrez quel immense chemin il a fait, quels progrès il a accomplis. Du premier coup, il atteint le but suprême de l'art, la perfection. Cet artiste incomparable possède toutes les qualités imaginables, largeur de style, grandeur de caractère, noblesse du dessin, juste rapport entre le détail et l'ensemble, et, par-dessus tout, cette adorable naïveté qui reste le cachet ineffaçable de toute œuvre vraiment supérieure comme est son œuvre. Tout ce qu'il a produit est d'une exécution si naturelle et si facile que le plus modeste élève sculpteur croirait volontiers qu'il n'a qu'à prendre un outil pour en faire tout autant. Voilà ce qui est incontestable et ce qui frappe les voyants. De là vient que la découverte des sublimes ouvrages de Phidias, ouvrages que le moulage a répandus dans le monde entier, a fait une révolution dans l'art.

Non-seulement pour pratiquer l'art, mais pour le juger sainement, pour en jouir véritablement, il faut plus que du goût, il faut encore et surtout des connaissances acquises, et ces connaissances ne s'acquièrent que par de bonnes fréquentations, par la vue et par l'étude des belles choses, des chefs-d'œuvre reconnus comme tels sans contestation possible. De tous les grands artistes, Phidias est celui avec lequel il importe le plus de se familiariser. Plus on l'étudie, plus on le pénètre, plus il paraît beau, noble, vrai; il est le premier de tous les maîtres connus et à connaître, le maître des maîtres.

Nous ne nous arrêterons pas à rechercher si Phidias a été, avec Myron et Polyclète, élève d'Agéladas d'Argos ou s'il a reçu les leçons d'un autre maître. Ce qui est vraiment intéressant, c'est de suivre les événements qui permirent à son génie de se développer. Que le génie soit inné ou non, il est certain qu'il meurt étouffé s'il ne rencontre pas un milieu et des circonstances favorables. Autrement, des siècles entiers s'écouleraient-ils, même chez des peuples arrivés à un haut degré de civilisation, sans que se produisît dans le domaine de l'art un seul homme extraordinaire. Or, Phidias arrivait à la maturité de son talent précisément au moment où Athènes, après avoir sauvé la Grèce de l'invasion des barbares orientaux, entrait dans cette voie magnifique de développement qui a fait d'elle la véritable reine de la civilisation. Après Marathon, Salamine et Platée, après la mort de Cimon, fils de Miltiade, s'ouvrait le siècle de Périclès, ce grand siècle qui est le point de départ réel de l'émancipation humaine. La liberté, telle qu'on pouvait la comprendre alors, régna dans sa plénitude, et sous son souffle vivifiant toutes les facultés de l'intelligence prirent un essor tel qu'on n'en a pas vu encore un second exemple dans le monde. La philosophie, la science, les arts fleurirent à la fois. La condition des esclaves s'améliora avec l'adoucissement des mœurs, et le travail devint plus productif. L'industrie et le commerce prirent de grands accroissements. La richesse, privée et publique, atteignit à des proportions inconnues jusqu'alors. Tout, donc, concourut à permettre au talent de Phidias de se développer à l'aise, et il semble vraiment que la prospérité et la sérénité d'Athènes n'aient duré que juste le temps nécessaire à l'enfantement de son œuvre.

Dans une condition aussi brillante, aussi prospère, les Athéniens devaient naturellement tourner leur attention vers l'embellissement de leur ville. Périclès avait le goût des arts; il consacra tous ses soins et la plus grande partie de la fortune publique à l'érection de monuments. Issu d'une famille sacerdotale, il s'inquiéta surtout d'élever des temples et des sanctuaires sacrés. Les Athéniens, tout pleins encore de reconnaissance pour les divinités auxquelles ils attribuaient le salut de la patrie, le suivirent aisément dans cette voie; Phidias, lié d'amitié avec Périclès, qui avait l'amour du beau, devint l'architecte et le statuaire des dieux.

La vie artistique de Phidias peut se diviser en deux parties. La première comprend les dernières années de la vie de Cimon et les premières années de l'administration de Périclès. Dans cette période, il aurait fait la Minerve de Pellène, celle de Platée, une Minerve Sunnienne, les treize statues du temple de Delphes, l'Apollon en bronze de l'Acropole d'Athènes, la Vénus Uranie, une statue de la mère des dieux dans le métroum d'Athènes, etc. « C'est, dit M. de Ronchaud, vers la fin de cette époque que l'on peut placer convenablement le voyage de Phidias à Éphèse. » La seconde période daterait de la 83e olympiade, du moment où Phidias fut mis par Périclès à la tête des immenses travaux qu'il faisait exécuter, pour se continuer jusqu'à la mort de l'artiste. La Minerve du Parthénon, le Jupiter Olympien, une Vénus céleste en or et en ivoire, une Minerve Ergané qu'on voyait dans la citadelle d'Élis, la statue de Pantarcès appartiennent à cette période, à laquelle il faut ajouter les sculptures dont Phidias décora le Parthénon. Le plus ancien ouvrage de Phidias paraît être la Minerve Pellène en Achaïe. La Minerve de Platée était en ivoire, puisque Pausanias rapporte qu'un trou avait été creusé sous la base de cette statue pour entretenir l'humidité nécessaire à sa conservation. On a voulu placer au nombre des premiers ouvrages du divin artiste le fameux colosse d'airain, l'Athénée Promarchos de l'Acropole dont les navigateurs, doublant le cap Sunium, découvraient la lance et le casque au-dessus des remparts; mais Otfried Müller met hors de doute que cette œuvre n'a pas été terminée par Phidias. Il est attesté, du reste, par Pausanias que les bas-reliefs de l'Athénée Promarchos ont été exécutés par Mys, sur les dessins de Pérasius.

Phidias, a-t-on dit souvent, a été le sculpteur par excellence des divinités de l'Olympe. Cela est vrai. Mais ce qui nous frappe surtout, nous sculpteur, dans son œuvre incomparable, c'est le caractère humain de ses divinités, le mouvement et la vie qui s'y manifestent.

Des érudits prétendent que Phidias, non plus que les autres sculpteurs grecs, ne savait pas l'anatomie. Après des études suivies et approfondies de ses ouvrages et des plus belles statues antiques, et d'accord avec tous les praticiens de notre art, nous soutenons que Phidias et tous les artistes grecs ont connu au moins l'ostéologie, ne l'eussent-ils apprise que d'après des moulages faits sur nature. Nous rappellerons ici que le fameux anatomiste Gerdy, professeur à la Faculté de Médecine, dont nous avons suivi les cours, nous plaçant au Musée du Louvre en face du *Gladiateur combattant,* du sculpteur grec Agasias, nous montrait sur ce beau marbre le mouvement des muscles, leur attache aux os par les tendons, le jeu, le mécanisme tout entier du corps humain rendus avec une exactitude telle, une science s[i] profonde, que force était de croire que les artistes grecs savaient l'anatomie tout aussi bien qu[e] nous. A combien de générations de sculpteurs [et] de peintres ce chef-d'œuvre, où la place et le [jeu] des os et des muscles se font voir et sentir, a-t-[il] appris les secrets de la vie et du mouvement[.] Mais, tout en restant aussi juste et aussi réel[le] comme anatomie, la statuaire de Phidias s'élè[ve] elle est plus noble, plus vivante encore dans s[a] calme simplicité, que la statuaire mouvementé[e] d'Agasias. Je ne veux citer que quelques nom[s] d'artistes grecs, afin de ne pas jeter la confusi[on] dans la mémoire du lecteur. Après Phidias vie[nt] Polyclète, qui fit deux statues fort renommées [de] Junon, la statue célèbre de l'athlète, et une qua[n]tité d'autres statues d'une exécution tellemen[t] parfaite que l'on a pu dire que si Phidias étai[t] sculpteur des dieux, Polyclète était, lui, le scul[p]teur des hommes. Après eux arrive la décaden[ce] relative avec Praxitèle, qui crée les types de [la] Vénus impudique et de Cupidon. Un grand ens[ei]gnement nous est donné par la comparaison de c[es] œuvres si belles, mais si différentes entre ell[es]. Dans l'art, la matière, esclave sous l'inspirati[on] d'une idée supérieure, d'une pensée élevée, atteint à la plus haute expression de la forme : c'est le beau. Au contraire, tout ce qui se renferme dans le fait matériel, tout ce qui est pauvre d'idée, tout ce à quoi manque la pensée s'abaisse et tend à faire ressortir le petit côté des choses : c'est le laid. Lorsque l'on évoque le beau et le grand dans les arts plastiques, le nom de Phidias vient se placer en première ligne, car Phidias est le maître suprême. Il est comme une divinité sainte dont la place est marquée dans l'Olympe tout moderne du Panthéon des Grands Serviteurs de l'humanité. Rien que par ce qui nous reste du Parthénon, sa gloire est impérissable.

Ce monument unique au monde avait pu résister au temps. Des siècles de barbarie et de folie religieuse l'avaient épargné. Au XVIIe siècle, le canon de Kœnigsmark lança une bombe sur le chef-d'œuvre des chefs-d'œuvre, dont les Turcs avaient fait un magasin à poudre. L'explosion coupa en deux le beau temple Parthénon. Le chef de l'expédition, l'affreux bandit Morosini, un Vénitien cependant, un compatriote du Titien, ne se contenta pas de ce crime de lèse-humanité; il essaya d'emporter les morceaux de sculpture le plus à son goût, entre autres la statue de Neptune de la façade occidentale ; mais la maladresse des ouvriers fut cause que la statue se brisa en tombant la tête en bas sur le rocher de l'Acropole. Les Turcs qui, pour organiser leur défense, avaient déjà détruit le temple de la Victoire Aptère, où ils avaient placé du canon, achevèrent de briser la statue de Neptune afin d'en faire de la chaux. Et Minerve resta impuissante! La grande déesse de la Paix et des Arts ne sut empêcher l'accomplissement de cet acte odieux! Quelles dures lois que les lois barbares de la guerre! Et ne doit-on pas s'étonner qu'il se trouve encore, après de tels désastres, des hommes assez courageux, ou assez fous, pour essayer de mettre tout leur cœur, toute leur âme dans un morceau de marbre!

Essayons de donner au lecteur, en prenant pour guide M. de Ronchaud, une faible idée de ce qu'était ce fameux Parthénon.

Ce *Temple de la Vierge*, — appelé aussi le Hecatempedon, — était un carré long entouré d'une colonnade et orné d'un double portique. Trois hauts degrés régnaient autour de l'édifice et l'élevaient au-dessus du sol de l'Acropole. Le sol de la Cella était encore élevé au-dessus du portique de deux marches, mais plus basses. Le péristyle, la colonnade extérieure se composaient de quarante-quatre colonnes d'ordre dorique, cannelées et sans bases, dont huit sur chaque façade et seize sur chaque côté, en comptant deux fois les colonnes d'angle. En outre, les deux portiques avaient chacun six colonnes. Une partie de ces colonnes est encore debout dans sa solidité majestueuse. On sait également que la Cella, ou Naos, c'est-à-dire la partie fermée du temple, était divisée en deux ailes d'inégales dimensions, dont la plus grande, qui s'ouvrait à l'orient, était le Parthénon proprement dit, la chambre virginale, et l'autre l'Opisthodome, ou Trésor des Athéniens. Il existait dans le Parthénon une colonnade intérieure, composée de vingt et une colonnes et de deux piliers d'angle, et, très-probablement, une galerie régnait au-dessus des colonnes, comme à Olympie. L'édifice entier occupait une surface de 68^{m}90 de long sur 30^{m}47 de large; son élévation, en y comprenant le fronton, était de 17^{m}93. Chacun des deux portiques était fermé par une grille derrière laquelle venaient sans doute s'étaler les trésors offerts à la déesse par la piété.

Les temples grecs différaient autant des nôtres par le caractère que par la destination. Il ne faut leur demander ni les dimensions de nos cathédrales, ni cette élévation et ces flèches légères qui semblent porter jusqu'au ciel la pensée de l'homme. Ces temples n'étaient pas faits pour que la foule vint s'y prosterner devant un dieu invisible; ils étaient l'habitation réelle de la divinité qui s'offrait aux yeux des fidèles sous la forme matérielle d'une statue grandiose et riche et le dépôt des présents que la crédulité ou l'ostentation apportaient en tribut aux pieds de l'idole. La place occupée dans nos églises par l'autel était remplie par le piédestal sur lequel s'élevait la divinité du temple. Les prêtres, serviteurs de la statue, pénétraient seuls dans le sanctuaire; le peuple assistait du dehors aux sacrifices qui avaient lieu devant le temple ou sous les portiques. De là l'étroitesse relative des temples de l'ancienne Grèce. De là la simplicité des dispositions intérieures des sanctuaires et leur décoration brillante et joyeuse : la divinité qui y faisait sa demeure passait pour aimer le beau et se complaire dans la magnificence. A certains jours solennels, les portes d'airain s'ouvraient et laissaient apercevoir, par la foule prosternée aux abords du temple, la divinité elle-même rayonnant du milieu des pompes qui l'entouraient et respirant, du haut de son piédestal chargé de riches offrandes, la fumée des sacrifices.

La sculpture avait concouru avec l'architecture

à faire du Parthénon la merveille de la Grèce antique. Outre la statue d'or et d'airain du Naos, il y avait des statues de marbre dans le tympan des deux frontons et d'admirables bas-reliefs décoraient également l'extérieur du temple. Nous possédons quelques-unes de ces sculptures, une portion de frise dont une autre portion est encore en place et dont la portion la plus considérable est au British-Muséum de Londres.

Au-dessus des colonnes du péristyle, des triglyphes de l'ordre dorique séparaient des métopes de haut-relief enlevées pour la plupart par lord Elgin avec ce qui restait des statues du fronton.

Aucune description du Parthénon, si exacte qu'elle puisse être, ne saurait donner une juste idée de cette œuvre où le génie humain semble avoir posé les limites du beau dans l'architecture et la statuaire monumentale.

La Minerve Athénée que renfermait le temple est devenue en quelque sorte familière aux visiteurs de l'Exposition universelle de 1855, grâce à la restitution qu'en a fait faire le généreux duc de Luynes. Seul, un archéologue millionnaire pouvait avoir une idée semblable. L'entreprise a été rendue possible par les découvertes successives de l'archéologie. D'après les textes anciens que l'on a réussi à rassembler, la Minerve Parthénos était représentée debout avec la tunique talaire, c'est-à-dire descendant jusqu'aux pieds. Sur sa poitrine était la célèbre égide, avec la tête de Méduse en ivoire au milieu. Elle tenait sa lance d'une main et de l'autre portait une Victoire haute d'environ quatre coudées. Au bas de la lance était roulé le serpent symbolique Erichthonius. Le bouclier reposait aux pieds de la statue. Il portait des bas-reliefs sur ses deux faces : sur la face concave, le combat des Dieux et des Géants ; sur la face convexe, le combat des Amazones (1). Le combat des Lapithes et des Centaures était gravé sur la semelle de la chaussure. La tête de Minerve était couverte d'un casque orné d'un sphinx et de deux griffons. On sait déjà que les vêtements de la déesse étaient d'or ; le visage, les bras, les mains, les pieds étaient d'ivoire ; les prunelles des yeux, au rapport de Pline, étaient formées de deux pierres dont la couleur approchait de très-près celle de l'ivoire. La naissance de Pandore était enfin représentée sur le piédestal. La Minerve Parthénos se trouve figurée, du reste, sur un grand nombre de médailles ; ces médailles ont aidé M. le duc de Luynes et le sculpteur Simart, à qui il confia la restitution de la statue, à en retrouver l'attitude et les accessoires.

Cette entreprise n'obtint qu'un médiocre succès de curiosité. Matériellement la restitution était impossible. Le piédestal de la statue de Phidias avait plus de trois mètres de hauteur et sa Minerve neuf mètres. Comment atteindre à de semblables proportions ? Et qu'étaient les 500,000 fr. mis à la disposition de M. Simart par le duc de Luynes auprès des 2,200,000 fr. d'or (valeur actuelle) employés par Phidias rien que pour le vêtement de la déesse ? D'un autre côté ce qui fait la valeur d'une œuvre d'art, c'est l'individualité, le cachet, le sentiment intime, original, qui a animé l'artiste. Ce qui nous charme, ce qui nous électrise, dans le moindre morceau des sculptures d'Athènes, c'est le coup de ciseau du maître, c'est le souffle de son génie qui donne la vie à la matière où sa main a taillé en quelque sorte les passions de son cœur. Rien de tout cela ne se peut restituer. M. le duc de Luynes eût beaucoup mieux servi et l'art et M. Simart en donnant ses 500,000 fr. à celui-ci pour créer, si cela était en lui, un chef-d'œuvre personnel. Cela dit, nous devons reconnaître que la tentative du duc de Lynes et de M. Simart est très-respectable et qu'elle a produit un fort bel ouvrage qui fera honorer ces deux noms aussi longtemps que l'art sera honoré.

La statue du Jupiter Olympien de Phidias a été plus célèbre encore que sa Minerve Athénée. Elle s'élevait dans le temple le plus vénéré de la Grèce, dans une vallée remplie de monuments religieux, sorte de sanctuaire à ciel ouvert, qui était pour la Grèce antique ce que l'Acropole était pour Athènes, Olympie. Il y a un demi-siècle, on ignorait jusqu'à la place de ce temple magnifique. La découverte en est due aux Français qui furent chargés de l'expédition de Morée en 1827, et c'est aux fouilles dirigées par M. Blouet, architecte, que l'on doit d'avoir retrouvé l'emplacement de la statue, emplacement marqué par le pavé de marbre noir décrit par Pausanias.

Le temple d'Olympie, dont Libon avait été l'architecte, était un édifice d'ordre dorique comme le Parthénon. Il était construit en tuf très-dur et très-poreux qui sans doute était revêtu d'un enduit de stuc. Autant que l'on peut en juger par ses débris, il devait ressembler à celui de Pestum et à celui d'Égine. Ce temple était de beaucoup

---

1. D'après les descriptions anciennes, le portrait de Phidias et celui de Périclès se trouvaient sur cette face du bouclier.

inférieur sans doute à celui d'Athènes où pour nous, amants de la forme, le génie grec, ou pour mieux dire le génie athénien, est arrivé à la dernière limite de la perfection dans l'art.

La sensibilité des grands artistes placés sous la main de Phidias avait une telle horreur de la raideur et de la dureté des lignes droites et un si vif amour de la souplesse et de la grâce qu'ils se laissaient entraîner jusqu'à donner dans certains plans une légère inflexion à ces lignes. Ainsi, un mur qui partout ailleurs, soit vertical, soit horizontal, est droit et à la règle d'une extrémité à l'autre de son étendue, est ici légèrement creusé, afin d'obtenir une demi-teinte. Cette simple observation donne l'exacte mesure de la délicatesse de l'art des Athéniens ainsi que de leur goût raffiné.

Le Jupiter d'Olympie était assis sur un trône magnifique qui, dit-on, avait déjà servi à asseoir une statue d'Apollon. Avant le siècle de Périclès, l'état de la civilisation était peu avancé et les trônes jouaient un rôle important dans les rites religieux ; alors, la divinité était représentée par un bloc de matière informe que l'on plaçait sur des trônes riches et ornés.

D'après Quatremère de Quincy, le trône du Jupiter Olympien était en bois de cèdre incrusté d'ébène, d'or et de pierres précieuses. On y voyait aussi des bas-reliefs sculptés et des peintures dues au pinceau de Panœnus, frère de Phidias. Une barrière entourait le trône et en interdisait l'approche à toutes autres personnes que les prêtres du dieu. La statue colossale de Jupiter portait sur la tête une couronne de feuillage d'olivier en or. Dans sa main droite était une Victoire faite aussi en or et en ivoire et portant sur la tête, dit Pausanias, une bandelette et une couronne. Dans sa main gauche était un sceptre formé de tous les métaux ; un aigle était posé au sommet du sceptre. Toute la partie supérieure du corps du dieu était nue. Le manteau dont parle Pausanias était d'or et Panœnus y avait peint des figures d'animaux et de plantes, particulièrement des lis. La chaussure était d'or.

La statue devait avoir 17 mètres d'élévation, y compris le soubassement ; aussi Strabon dit-il que le dieu n'aurait pu se lever sans emporter la couverture du temple. Pausanias ajoute que cette statue paraissait plus colossale qu'elle ne l'était réellement, et Cicéron dit aussi que plus on la considérait et plus elle paraissait grande. La remarque faite par Cicéron sur l'œuvre de Phidias peut s'appliquer à toutes les œuvres d'art que nous ont léguées les anciens des belles époques. Tout ce que l'on trouve d'eux en architecture, en sculpture et en peinture, même les choses de la vie usuelle, telles que meubles, trépieds, siéges, miroirs, bouteilles, flacons, cassolettes, tout paraît plus grand que sa grandeur réelle. Cela tient au style, à la simplicité, au goût, au beau caractère du dessin, aux justes proportions. C'est ainsi que les artistes et les touristes qui ont voyagé en Italie ont souvent remarqué que Saint-Pierre de Rome paraît beaucoup moins grand qu'il ne l'est en réalité, tandis qu'au Forum romain, de même qu'à Pompéi, les monuments anciens font l'effet d'être beaucoup plus grands qu'ils ne le sont.

Rien ne pouvait rivaliser avec le Jupiter d'Olympie, dit Pline ; et Quintilien ajoute que par cette œuvre Phidias semble avoir ajouté à la religion publique, tant la majesté de la statue paraissait égaler celle de la divinité même. Enfin quel plus grand éloge faire de cette statue que de rappeler avec Otfried Müller qu'en Grèce on regardait comme un malheur de mourir sans l'avoir vue, et que son seul aspect passait pour guérir tous les maux et toutes les douleurs !

Phidias s'était inspiré des vers de l'Iliade où Homère dit : Lorsque le fils de Saturne approuva de ses sourcils baissés, la chevelure ambrosiaque du maître des dieux s'agita sur sa tête immortelle et *le grand Olympe trembla.*

Ce dut être un heureux moment dans sa vie que celui où il mit au bas de son œuvre : *Phidias, fils de Charmide, m'a fait.* On assure, dit Pausanias, qu'à ce moment suprême l'artiste demanda à Jupiter de lui faire connaître par un signe s'il approuvait son ouvrage, et qu'à l'instant la foudre gronda sur le temple, puis vint, en témoignage de l'approbation divine, frapper le pavé au-devant de la statue. Cet entretien de Phidias avec Jupiter est au moins aussi plausible chez les anciens Grecs, adorateurs des dieux de l'Olympe, que le sont tant de miracles racontés chez nous par des illuminés.

Qu'est devenu le Jupiter Olympien? Qu'est devenue la célèbre Minerve d'Athènes? Où sont allées ces deux œuvres magnifiques, incomparables, et tant d'autres admirables images des dieux que les hommes croyaient si bien être des œuvres immortelles? Au néant, sans qu'on ait même pu savoir quand et comment elles ont disparu.

Mais nous n'osons trop nous plaindre, car nous avons eu la consolation de vivre dès l'adolescence dans l'admiration et dans le culte des œuvres de

Phidias. Au moment où ces œuvres se révélaient aux amants de l'art, en 1827, le riche amateur et sculpteur distingué, M. Giraud, ancien prix de Rome, voulut bien nous permettre de dessiner d'après les plâtres moulés sur la frise du Parthénon qu'il avait rapportés de Londres. Nous allions chez lui le dimanche, et nous y passions plusieurs heures à l'étude de cet art si pur, si vivant, si beau et si nouveau où nous trouvions la réalisation de nos rêves. Pour finir dignement la journée, la plus belle de notre semaine, nous nous rendions dans l'après-midi au Conservatoire de musique et, là, nous assistions à une nouvelle révélation, celle des symphonies de Beethoven. Jamais nous n'avons plus profondément senti combien il est impossible de séparer des arts qui tous disent la même chose et dont les instruments seuls diffèrent.

Puisque nous nous sommes mis en scène, qu'on nous permette de renouveler ici un vœu que nous avons déjà eu l'occasion de formuler. C'est pour nous, c'est pour tous les vrais artistes, une douleur profonde que de voir grelotter et se noircir sous le ciel brumeux de la vieille Angleterre, dans une atmosphère épaissie par la fumée de la houille, les restes de l'œuvre sublime de Phidias, ces beaux marbres jadis dorés par le soleil qui éclaire l'Attique et que nos voisins ont dû couvrir d'un vitrage pour en prévenir la complète destruction. Nous demandons que toutes les nations civilisées de l'Europe invitent très-gracieusement l'Angleterre à reporter à Athènes, là où seulement ils peuvent avoir leur véritable valeur et reprendre vie en quelque sorte, les marbres que lord Elgin en a emportés(1). Nous demandons que ces mêmes nations s'entendent entre elles et avec la nation anglaise pour aller faire solennellement cette restitution. Ce ne serait là qu'un acte d'exacte justice; car prendre l'art d'un pays c'est pire que de l'assassiner, c'est lui voler

---

1 Vers 1813, Byron, révolté du vol sacrilège des marbres du Parthénon, écrivit contre l'auteur de ce vol, lord Elgin, une magnifique satire : *la Malédiction de Minerve.* Son admiration pour Phidias se trahit à chaque vers ; il est pénétré d'un respect religieux pour la vue de ces sculptures « consacrées aux dieux, mais non point garanties contre l'homme. »

Sacred to gods, but not secure from man.

Il signale avec indignation le nom du lord écossais que celui-ci a eu l'audace d'écrire sur les ruines du Parthénon, à peu de distance des restes mutilés des bas-reliefs, « détruits dans une vaine tentative pour les arracher. » *Destroyed in a vain attempt to remove them!*

---

son âme! Et l'âme de la Grèce, c'est l'œuvre de Phidias.

Plutarque dit, dans sa vie de Périclès : « Voilà pourquoi les ouvrages que fit alors Phidias sont plus esmerveillables, attendu qu'ils ont été parfaicts en si peu de temps et ont duré si longuement : pource que chascun d'iceulx, dès lors qu'il fut parfaict, sentoit déjà son antique quant à la beauté, et néanmoins, quant à la grâce et vigueur, il semble jusques aujourd'hui qu'il vienne tout fraischement d'être faict et parfaict, tant il y a ne sçais quoi de florissante nouveauté qui empeschera que l'injure du temps n'en empire la vue, comme si chascun des dicts ouvrage avoit au dedans un esprit toujours rajeunissant et une âme jamais vieillissante qui les entretient en cette vigueur. Or, celui qui conduisoit tout et avoit la supérieure intendance en toute la besogne, étoit Phidias... »

Le Parthénon était, en effet, un vaste atelier dont le maître auguste était Phidias. Ictinus et Callicratidès étaient les architectes qui veillaient au choix des matériaux et à la bonne construction de l'édifice. D'autres artistes en grand nombre, peintres et statuaires, travaillaient sous l'œil et sous la main de Phidias. Il nous semble assister à une journée de travail dans le vaste atelier : ici, des esclaves transportent des blocs de marbre du Pentélique ; là, d'autres esclaves les ébauchent avec la règle et l'équerre ; d'autres encore dégrossissent les statues. Les artistes prennent leur compas, leur masse et leur ciseau; celui-ci modèle une tête dans le marbre qui fond sous sa main; celui-là taille les plis si simples et si souples de ces belles draperies que nous admirons et qui ne font qu'un avec les nus; un autre tient le beau torse de Thésée; un autre les deux femmes couchées, Proserpine et sa fille, tellement soudées l'une à l'autre, dans leur grâce toute divine, que le corps de la fille paraît attaché à celui de la mère. Phidias, toujours sur la brèche, passe de l'un à l'autre morceau, frappant de son puissant ciseau le marbre qui vole en éclats ; un coup de sa main fait jaillir la forme, c'est un éclair pour l'aide, c'est la lumière qui se fait dans son cerveau : le maître l'a électrisé, il va se sentir maître lui-même pendant quelques heures. Plus loin, Phidias trace la belle silhouette d'une figure, la ligne harmonieuse et cadencée d'un cheval en action, la crinière au vent, ou l'ondulation ravissante de quelques plis d'étoffe. Puis le maître va se recueillir et méditer dans les jardins de l'Académie. Il rentre et se met à retoucher sa Minerve Parthénos ou quelque autre de ces admirables statues pour lesquelles se faisaient honneur de poser les vierges d'Athènes les plus belles et les plus renommées.

Combien différemment les choses se passent aujourd'hui. Le gouvernement, c'est-à-dire un ministre quelconque, commande ou achète à son protégé ou au protégé d'un député un ouvrage. Cet ouvrage n'est presque jamais l'œuvre de celui qui le signe. Il y a, en effet, à Paris des fabriques de sculpture où des centaines de modèles de différents artistes sont exécutés par les mêmes *hommes-outils* plus ou moins habiles. Nous pourrions même citer ici une commande faite à un artiste de province qui, en ayant empoché le prix, la confia à un sculpteur de Paris sans même lui donner ni dessin, ni maquette; celui-ci, à son tour, confia l'exécution du marbre à un entrepreneur parisien qui l'arrangea à sa guise, sans avoir à subir le contrôle d'aucun artiste. Et des artistes célèbres, la gloire de leur pays, sont privés de commandes depuis bientôt vingt ans! Voilà comment est gouverné l'art en France. A quoi sert donc une direction des Beaux-Arts et son état-major si nombreux? Notre époque, notre civilisation, nos habitudes, nos mœurs, notre politique, notre économie sociale, sont tout ce qu'il peut y avoir de plus antipathique à l'art (1). Cela n'empêche pas que des intérêts privés ne donnent le change à l'opinion publique en faisant grand bruit de l'importance des Beaux-Arts en France. De tout ce vacarme, de cette réclame immorale, il ne sort que des médiocrités nombreuses qui, le

plus souvent, vivent et meurent à la peine en étouffant sous leur parasitisme le bon grain. Un Phidias ne suffit pas seulement à sa patrie; son haut génie s'empare de l'humanité entière. Mais vainement un de ces hommes rares viendrait à naître dans la vieille Europe ou dans le nouveau monde; il n'y pourrait croître et grandir.

Comme tous les hommes supérieurs, Phidias fut en butte à l'envie de ses contemporains. Pour se venger de la gloire qu'il leur donnait, ils l'accusèrent de différents crimes. Le sublime artiste fut jeté en prison comme *blasphémateur* et comme *voleur*. Il avait, disait-on, outragé la religion en gravant le nom de Pantarcès, jeune adolescent dont il passait pour être épris, sur le doigt de la statue de Jupiter; il s'était approprié une partie de l'or qui lui avait été confié pour exécuter les draperies de sa Minerve Athénée. Heureusement Phidias avait, sur le conseil de Périclès, disposé le vêtement d'or de la déesse de telle façon qu'il pouvait se détacher de l'armature en bois; il fut donc facile de peser l'or et de confondre l'imposture. Phidias se dégagea aussi facilement de l'autre accusation. Mais la calomnie a persisté à travers les siècles: il est si dur à l'homme d'admirer un autre homme!

Des écrivains font mourir Phidias en prison, à l'âge de soixante-cinq ans. D'autres le font prendre part au fameux concours qui eut lieu à Éphèse, à une époque postérieure, entre les premiers sculpteurs de la Grèce. Phidias y aurait été vaincu par Polyclète. Le sujet était une statue d'amazone; les juges du concours étaient les artistes concurrents eux-mêmes. Ils étaient cinq: naturellement, chacun se donna la première place, et tous donnèrent la seconde à Polyclète qui fut ainsi proclamé vainqueur.

Dans un autre concours, à Athènes, Phidias lutta contre un de ses propres élèves, Alcamènes. Il s'agissait de statues destinées à être placées assez haut. Le peuple athénien fut appelé à les juger avant qu'elles eussent été mises en place. Celle de Phidias déplut au peuple qui lui reprochait, entre autres choses, les trous des narines, et la siffla. Mais, à quelques jours de là, les statues ayant été montées sur leurs colonnes, le peuple, qui avait sifflé la statue de Phidias, l'applaudit; et ce fut au tour d'Alcamènes de subir les rigueurs du public. D'où il faut conclure que le seul juge d'un Phidias ne peut être que Phidias lui-même.

De cette étude bien sommaire sur le plus grand

---

1 Nous croyons utile de citer ici un des passages du livre d'Émeric David: *Recherches sur l'art statuaire*. — « Quand est-ce donc, dit-il, que les arts perdirent leur éclat en Grèce? Quand les jeux olympiques furent abandonnés; quand les temples des oracles furent déserts; quand les combats de gladiateurs eurent été introduits et que l'autel de la poésie eut été renversé; quand, par l'effet des grandes armées des Romains, la victoire se rangeant du côté des gros bataillons, la beauté du corps cessa d'être utile et honorée; quand, suivant l'expression d'un ancien, on connut mieux la beauté d'un cheval que celle d'un homme et qu'on l'estima davantage; quand les arts, séparés d'avec la religion, ne furent plus que l'amusement des particuliers; quand on rechercha dans leurs ouvrages les caprices de l'imagination; quand on préféra des têtes de fantaisie aux portraits de ses aïeux; quand il n'y eut plus d'esprit public et que, sous la puissance des Romains, les gouvernants, comme le peuple, marchèrent aveuglément, sans autre guide que l'esprit de rapine d'une part, le décorum de l'autre; quand les artistes purent croire possible d'être frustrés des honneurs qu'ils méritaient; quand le goût général fut compté pour rien et que Lucien crut pouvoir dire à ses protecteurs: « Pourquoi irais-je dans la vallée brûlante de Pise, lire mes écrits aux Grecs assemblés? Ne me suffit-il pas de votre approbation? »

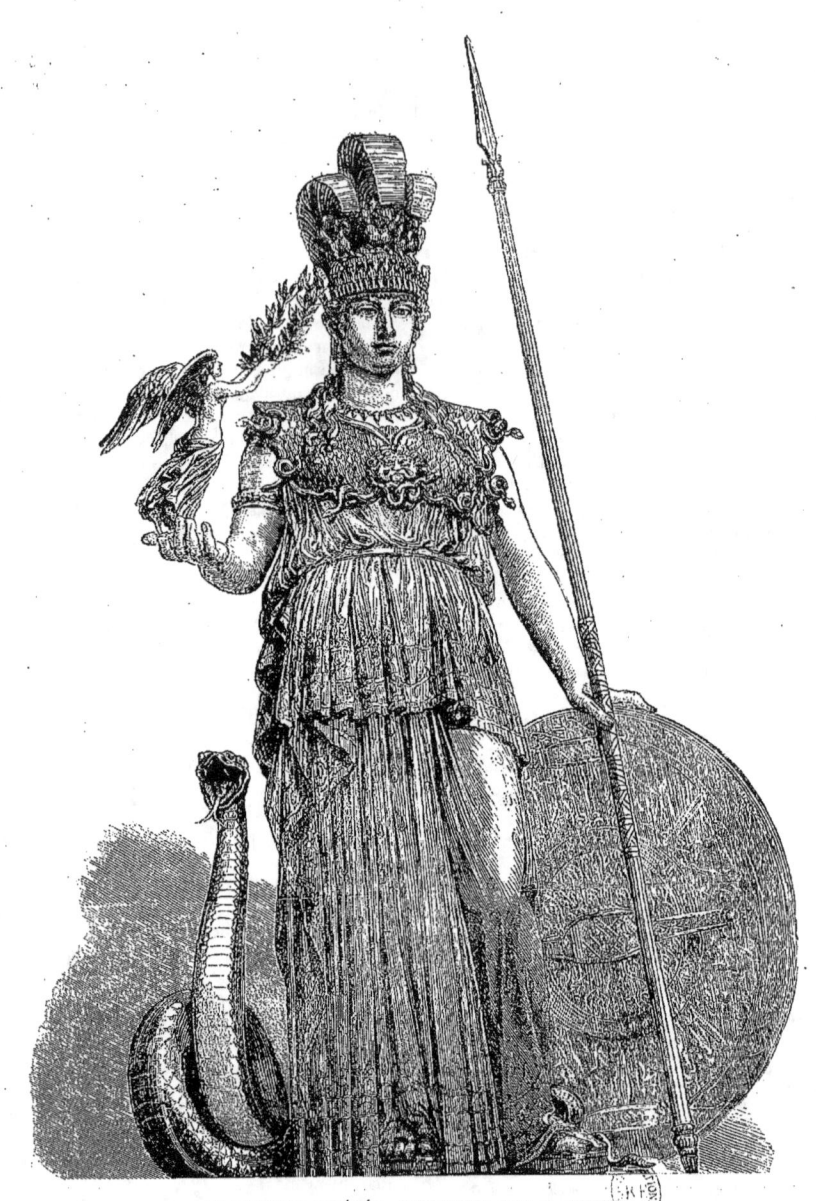

LA MINERVE ATHÉNÉE, RESTITUTION PAR M. SIMART.

des sculpteurs, nous voudrions tirer un utile enseignement. Où en sommes-nous en France, en fait de beaux-arts; où en étions-nous en 1870, avant nos désastres, au moment de cette guerre funeste qui a été la résultante de toutes nos folies, de nos extravagances vaniteuses, de notre aveuglement en toutes choses, autant peut-être que la tentative désespérée du second empire réduit aux abois? L'État s'est donné chez nous la mission, non-seulement d'encourager les arts, mais de les administrer, de les gouverner, voire même de créer des artistes. Il ouvre des écoles sans nombre, médiocres par cela même, décerne des couronnes, des prix, des médailles, des pensions, des commandes. A quoi servent toutes ces pratiques, sinon à griser de vanité de malheureux enfants, à les gonfler d'un stérile orgueil, à leur tourner la tête, à leur ôter toute envie de s'instruire, de grandir en se tenant dans la vraie voie de tout progrès : le travail et l'endurance. Que de bons laboureurs arrachés ainsi à la charrue, que d'excellents ouvriers enlevés aux ateliers, que de jeunes filles retirées à la salutaire tutelle de leurs mères! Que de braves garçons, que d'innocentes enfants dévoyés et détournés de leurs devoirs sociaux par l'appât des primes budgétaires! Tout cela sans aucun profit pour l'art, ou plutôt à son détriment; car ces moyens factices, couronnes, prix, médailles, pensions, n'ont produit que des médiocrités et jamais un seul homme supérieur, jamais un seul homme de génie. Et il n'en peut être autrement. Le système officiel surexcite le désir du succès, l'amour du gain, et n'enfante qu'un art faux, vulgaire, impuissant, démoralisateur, où le cœur n'entre pour rien. Or l'art vrai, c'est la foi à l'idéal, une foi vive et ardente qui élève l'âme et le cœur dans des sphères supérieures, loin, bien loin des réalités grossières de la vie, et fait surmonter à l'artiste, pour donner une forme vivante au vrai, au beau qu'il a entrevus aux espaces célestes, les fatigues du travail et la douleur qu'il ressent de l'indifférence publique. Ce ne sont pas les gouvernements qui créent les artistes; les artistes se font eux-mêmes quand ils rencontrent un milieu propice, et un grand artiste est toujours une exception. Phidias a été la plus rare de ces exceptions. Il a laissé au monde le Parthénon. Avec notre organisation officielle des Beaux-Arts, que léguerons-nous à la postérité, nous, Français du XIXe siècle, qui, à tant d'autres prétentions, joignons celle d'être les Athéniens modernes? Le nouveau Louvre et le nouvel Opéra.

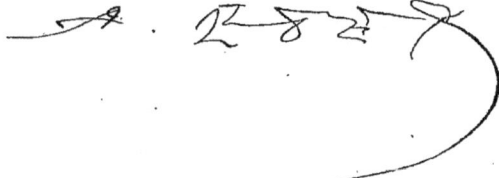

Bibliographie. — Carl Otfried Müller, Commentationes III *De Phidiæ vita et operibus.* — Emeric David, *Recherches sur l'art statuaire; Jupiter, recherches sur ce dieu, sur son culte et sur les monuments qui le représentent.* — Comte de Clarac, *Manuel de l'histoire de l'art chez les anciens; Musée de sculpture antique et moderne.* — Quatremère de Quincy, *Le Jupiter Olympien, ou l'Art de la sculpture antique en or et en ivoire; Monuments et ouvrages d'art antique restitués d'après les descriptions des écrivains grecs et latins.* — M. de Ronchaud, *Phidias, sa vie et ses ouvrages.* — Voir aussi Bronsted, Ch. Lenormand, Beulé.

PARIS
Typographie Motteroz
31, rue du Dragon.

www.ingramcontent.com/pod-product-compliance
Lightning Source LLC
Chambersburg PA
CBHW050041230526
45470CB00003B/1386